PINTXOS Y TAPAS

susaeta

SUMARIO

Buñuelos
de **bacalao**

- 100 g de bacalao desalado
- 1 patata
- 1 cebolla
- 1 huevo
- 1 diente de ajo
- 2 cucharadas de harina
- 2 cucharadas de pan rallado
- 3 cucharadas de aceite de oliva
- 1/2 cucharadita de sal
- 1/2 cucharadita de pimienta negra molida
- 1 cucharadita de perejil picado
- aceite para freír
- 1 ramita de perejil (para decorar)

PREPARACIÓN

▷ En una cacerola calentar agua hasta que hierva y cocer el bacalao y la patata previamente pelada. Cuando se hayan cocido, sacar del agua, hacer puré la patata y desmigar el bacalao.

▷ Poner una sartén a calentar con un poco de aceite y rehogar la cebolla y el diente de ajo picados finamente. Cuando el sofrito esté listo, agregar la patata y el bacalao, salpimentar, añadir el perejil picado y rehogar el conjunto.

▷ Apartar la sartén del fuego y dejar reposar.

▷ Cuando la mezcla del bacalao se haya templado, hacer bolitas y pasarlas primero por harina, después por huevo batido y, por último, por pan rallado.

▷ Una vez empanados los buñuelos, freírlos en abundante aceite a fuego fuerte.

▷ Servir en un plato pequeño decorado con una ramita de perejil.

Montadito
de **cangrejo**

- 2 rebanadas de pan
- 25 g de mantequilla
- 25 g de mayonesa
- 50 g de carne de cangrejo (o 3-4 palitos congelados)
- 1 cucharadita de perejil picado
- 1 cucharadita de sal
- hojas de orégano y perejil picado (para decorar)

PREPARACIÓN

▷ Picar y desmigar la carne de cangrejo muy finamente. Si no encuentra carne de cangrejo fresca, puede utilizar los palitos congelados que se venden en cualquier supermercado.

▷ Antes de desmigar los palitos de cangrejo, asegúrese de que estén bien descongelados; si no, arruinará el sabor del pintxo.

▷ En un cuenco mezclar la mayonesa, la sal y la carne de cangrejo desmigada hasta que se hayan integrado bien los ingredientes. Extender la mantequilla en las rebanadas de pan y colocar el preparado de cangrejo y mayonesa por encima.

▷ Para finalizar, decorar las tostas con un poco de perejil picado y unas hojas de orégano.

Brocheta de **pulpo** a la vinagreta

6 UNIDADES

- 200 g de pulpo
- 1 pimiento rojo pequeño
- 1 pimiento verde
- 1 cebolleta
- 3 cucharadas de aceite de oliva
- 1 cucharada de vinagre de jerez
- 1 cucharadita de sal
- 1 cucharadita de pimienta negra

PREPARACIÓN

▷ Cocer el pulpo en una cazuela con agua, aceite de oliva y una pizca de sal. Una vez que esté listo, sacar del agua y trocear en pedazos de unos tres centímetros.

▷ Ensartar los trozos en un palillo de madera especial para pintxos y reservar.

▷ Aparte, picar finamente la cebolleta, el pimiento rojo y el pimiento verde y poner en un cuenco.

▷ En otro recipiente, verter el aceite de oliva, el vinagre, la sal y la pimienta y batir hasta que emulsione. Añadir el resto de los ingredientes picados y remover hasta que la mezcla se haya ligado.

▷ Utilizar esta vinagreta para servir con la brocheta de pulpo.

Rollito de **salmón** ahumado

- 2 lonchas de salmón ahumado
- 50 g de salmón fresco
- 2 hojas de endibia
- 50 g de mayonesa
- 1 cucharadita de mostaza de Dijon
- 1/2 limón
- 1 cucharada de aceite de oliva
- 1 cucharadita de sal
- 1 cucharadita de pimienta negra
- sal negra marina

PREPARACIÓN

▷ Picar muy finamente el salmón fresco en trocitos. Asegurarse de que el salmón sea fresco, puesto que se consumirá crudo.

▷ En un recipiente agregar el salmón picado, el aceite de oliva, el zumo de medio limón, exprimido previamente, la sal y la pimienta. Mezclar bien los ingredientes hasta que los sabores se hayan ligado y el salmón haya quedado macerado.

▷ Extender la loncha de salmón ahumado sobre una superficie lisa y colocar encima, en la mitad, una cucharada del preparado de salmón.

▷ Con cuidado, ir enrollando la loncha de salmón ahumado hasta conseguir un rollito.

▷ Aparte, mezclar en un cuenco la mayonesa con la mostaza y remover hasta que quede una salsa compacta.

▷ Para finalizar, colocar el rollito de salmón sobre la hoja de endibia y cubrir con un poco de la salsa de mayonesa y mostaza.

▷ Decorar los pintxos con una pizca de sal negra marina.

Calamares rellenos en su tinta

2 UNIDADES

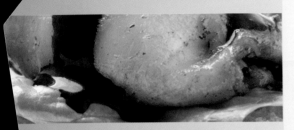

- 2 rebanadas de pan
- 2 calamares pequeños
- 1 cebolla
- 1 pimiento verde
- 1 hoja de lechuga
- 1 tomate maduro
- 1 diente de ajo
- 50 ml de vino blanco
- 1 bolsita de tinta de calamar
- 3 cucharadas de aceite de oliva
- 1/2 cucharadita de sal
- 1/2 cucharadita de pimienta negra molida

PREPARACIÓN

▷ Limpiar y lavar los calamares quitando bien las aletas y los tentáculos. Reservar.

▷ Aparte, trocear finamente la cebolla, el pimiento verde, el tomate y el diente de ajo y sofreír en una sartén con aceite de oliva a fuego medio.

▷ Una vez rehogadas las verduras, agregar las aletas y los tentáculos troceados, salpimentar y agregar el vino blanco. Cocer otros siete minutos hasta que el vino se haya evaporado.

▷ Rellenar los calamares con la mezcla de la sartén y sellar la abertura con un palillo.

▷ En otra sartén, freír los calamares con aceite de oliva a fuego vivo hasta que queden bien dorados.

▷ En la sartén en la que se ha frito la verdura, agregar la tinta de calamar y un poco de agua en caso de que la mezcla estuviera muy seca.

▷ Cortar dos rebanadas de pan y montar el pintxo poniendo una hoja de lechuga y el calamar encima; fijarlo con un palillo.

▷ A la hora de servir, cubrir los calamares con la salsa que se ha elaborado con la tinta.

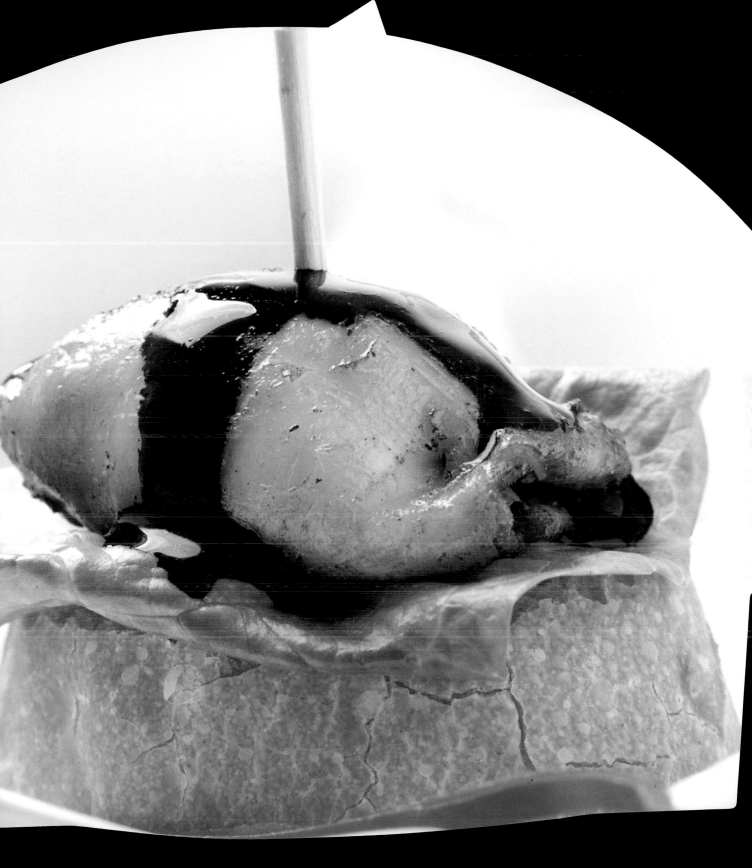

Milhojas de bacalao

- 1 lámina de hojaldre
- 100 g de bacalao desalado
- 1 cebolla
- 1 patata
- 3 pimientos del piquillo
- 3 dientes de ajo
- 1 huevo
- 50 g de miga de pan
- 50 ml de nata líquida
- 2 cucharadas de aceite de oliva
- 1/2 cucharadita de sal
- 1/2 cucharadita de pimienta negra molida
- 1 ramita de orégano (para decorar)

PREPARACIÓN

▷ Cortar la lámina de hojaldre en cuatro rectángulos de 8 cm por 4 cm y hornear a 180 °C unos siete minutos.

▷ Por otro lado, poner a cocer en una olla con agua el bacalao y la patata pelada hasta que estén hechos. Escurrir, desmigar el bacalao y reservar en un plato.

▷ Machacar la patata cocida y poner en un cuenco junto con los ajos picados, la miga de pan y una cucharada de aceite de oliva. Pasar los ingredientes del cuenco por la batidora hasta obtener un puré consistente.

▷ Aparte, poner a calentar una sartén con aceite de oliva y rehogar la cebolla, picada finamente, junto con los pimientos del piquillo troceados y salpimentados. Una vez que estén hechos, pasar el sofrito a un cuenco, verter la nata y triturar con la batidora hasta obtener una salsa fina y suave.

▷ Por último, cocer un huevo y rallarlo.

▷ Montar los milhojas colocando el puré de patatas, pan y ajos sobre un rectángulo de hojaldre, luego el bacalao por encima y, por último, la salsa de pimientos. Cubrir con el huevo rallado. Finalmente, cubrir con otro rectángulo de hojaldre. Servir templado, decorado con una ramita de orégano.

Brocheta de **pollo** con dátiles y pera

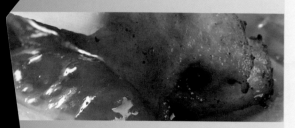

- 2 filetes de pechuga de pollo
- 1 pera
- 2 dátiles
- 50 g de mermelada de naranja
- 1 cucharada de miel
- 25 ml de vino dulce
- 3 cucharadas de aceite
- 1 cucharadita de sal
- 1 cucharadita de pimienta negra

PREPARACIÓN

▷ Lavar, pelar y picar finamente la pera y los dátiles y reservar en un platito.

▷ Aparte, estirar con un rodillo los filetes de pollo y salpimentar por ambas partes. Colocar en el centro del filete una cucharada de la picada de fruta y enrollar el filete. Para asegurarse de que queda bien cerrado, insertar un palillo de modo que el extremo del filete quede fijado.

▷ A continuación, calentar el aceite en una sartén y freír las brochetas de pollo hasta que queden bien doradas. Poner en un plato con papel de cocina para quitar el exceso de grasa y reservar.

▷ Calentar en un cazo la mermelada de naranja junto con la miel y el vino dulce y remover hasta que todos los ingredientes estén bien mezclados.

▷ En un plato colocar una cucharada de esta mezcla y encima poner la brocheta. Decorar con una rodaja de pera.

Pintxo de morcilla y boletos

- 2 rebanadas de pan de hogaza
- 2 rodajas de morcilla de cebolla
- 50 g de boletos
- 1 cebolla
- 1 cucharada de vino blanco
- 3 cucharadas de aceite de oliva
- 1/2 cucharadita de sal
- 1/2 cucharadita de pimienta negra molida
- 1 ramita de perejil (para decorar)

PREPARACIÓN

▷ Quitar la piel de la morcilla. A continuación, cortar en finas tiras los boletos y picar la cebolla.

▷ Calentar aceite en una sartén y agregar la cebolla para rehogarla hasta que quede transparente.

▷ Añadir los boletos y poco después la morcilla. Salpimentar. Verter el vino blanco y dejar evaporar.

▷ Por otro lado, cortar dos rebanadas de pan de hogaza y colocar el revuelto de boletos y la morcilla encima. Fijar con un palillo.

▷ Decorar el pintxo con una ramita de perejil.

Montadito de **paté** de **hígado** y anchoas

2 UNIDADES

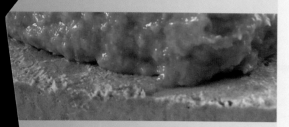

- 2 rebanadas de pan de molde
- 50 g de paté de hígado de pato
- 3 pimientos del piquillo
- 2 anchoas en aceite
- 4 cucharadas de mayonesa
- 1 cucharadita de sal
- 1 cucharadita de pimienta negra
- 1 ramita de cebollino (para decorar)

PREPARACIÓN

▷ Picar los pimientos finamente y poner en un recipiente junto con la mayonesa, la sal y la pimienta. Batir con la batidora hasta que quede una mezcla ligada con textura de mousse.

▷ Aparte, tostar dos rebanadas de pan, cortado en rombos, y colocar encima el paté de hígado de pato cortado de la misma forma.

▷ Cubrir el paté con la mousse de pimientos que hemos preparado con anterioridad y con la anchoa enrollada.

▷ Para finalizar, poner encima del montadito una ramita de cebollino para decorar y servir.

Jamón con
queso brie

4 UNIDADES

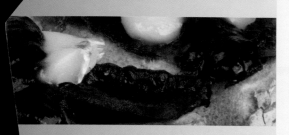

- pan
- 4 lonchas de jamón serrano
- queso brie

Para la salsa de frambuesa

- 1 dl de moscatel
- 4 cucharadas de mermelada de frambuesa
- 5 g de canela molida

PREPARACIÓN

▷ Cortar el pan en rebanadas.

▷ En una sartén al fuego, tostar las lonchas de jamón ligeramente. Sacar y colocar sobre el pan.

▷ Partir el queso en rodajas y añadir una a cada pintxo mientras el jamón esté aún caliente para que el queso se deshaga. Si lo desea, se pueden meter los pintxos en el horno, de modo que el queso se funda completamente.

▷ Por último, preparar la salsa de frambuesa cociendo en un cazo el moscatel, la mermelada y la canela durante unos minutos. Colar y verter sobre cada pintxo.

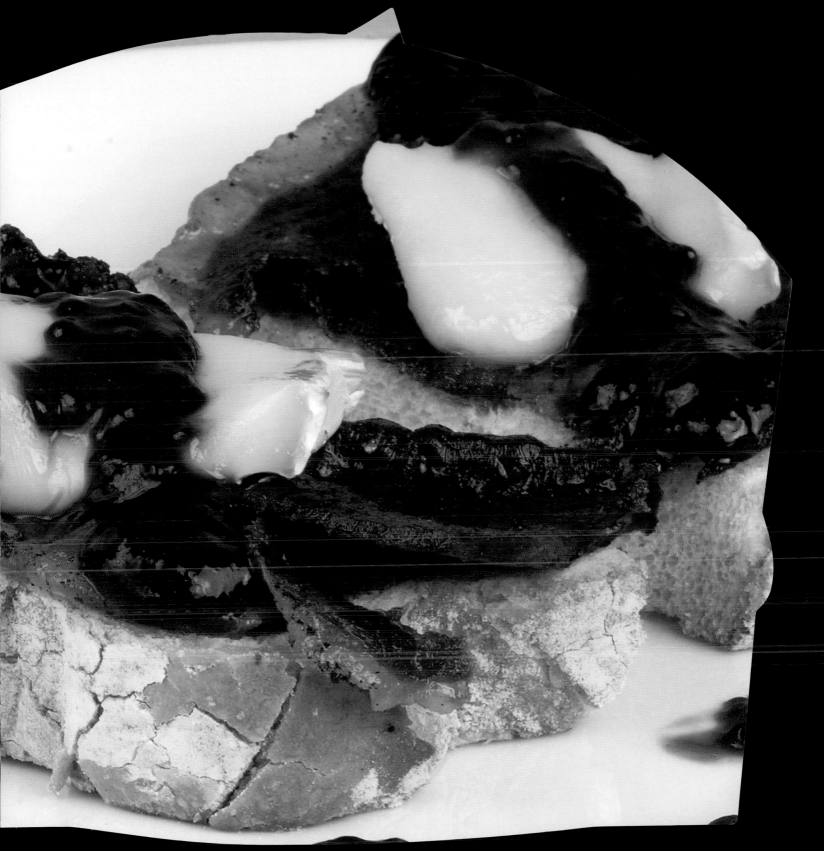

Mousse
de **espárragos**

- 10 g de mantequilla
- 1 lata de espárragos verdes
- 1 cebolla
- 100 ml de nata
- 5 huevos
- 1 cucharadita de sal
- 1 cucharadita de pimienta negra
- 1 cucharadita de eneldo

PREPARACIÓN

▷ Picar la cebolla finamente y rehogar en una sartén donde previamente se habrán derretido 5 g de mantequilla. Picar los espárragos y añadir a la sartén con parte del jugo de la lata. Salpimentar y dejar rehogar otros tres minutos.

▷ Aparte, batir los huevos y agregar la nata. Añadir los espárragos de la sartén y remover la mezcla.

▷ Verter la crema en un recipiente untado de mantequilla y poner al baño maría en el horno precalentado a 200 °C durante aproximadamente diez minutos.

▷ Sacar del horno, desmoldar y dejar enfriar durante quince minutos.

▷ Partir una porción generosa y servir en un platito con eneldo espolvoreado por encima.

Tosta de **queso** de cabra

- 2 tostas redondas
- 30 g de dulce de membrillo
- 50 g de queso de cabra
- 2 nueces peladas
- 4 pasas

Para el dulce de membrillo

- 1 kg de membrillos
- azúcar

PREPARACIÓN

▷ Colocar sobre las tostas el queso, cortado previamente en rodajas, sobre el queso poner una capa de dulce de membrillo cortado de la misma manera y finalizar decorando con las nueces peladas y las uvas pasas.

Para el dulce de membrillo

▷ Poner a hervir en una olla los membrillos con piel, cubiertos de agua, durante veinte minutos. Escurrir, pelar y quitar el corazón. Obtener un puré de pulpa de membrillo. Pesar y agregar la misma cantidad de azúcar.

▷ Poner la mezcla en una olla con abundante agua a fuego medio y remover con una cuchara de palo durante aproximadamente media hora, hasta que pierda toda la humedad y tenga la consistencia adecuada.

▷ Colocar en moldes o copas y dejar enfriar.

Triángulos
vegetales

- 2 rebanadas de pan de molde
- 1 tomate
- 1 cogollo de lechuga
- 1 huevo
- 3 cucharadas de mayonesa
- 1 cucharadita de sal
- 1 ramita de perejil (para decorar)

PREPARACIÓN

▷ Poner a cocer el huevo en una olla pequeña con agua y sal. Cuando esté cocido, dejar enfriar, pelar y reservar en un plato.

▷ Aparte, lavar y picar el tomate y el cogollo de lechuga y poner en un cuenco. Agregar la mayonesa, rallar el huevo cocido por encima y remover el conjunto hasta que todos los ingredientes se integren.

▷ Tostar las rebanadas de pan de molde hasta que estén bien crujientes y untar con la mezcla.

▷ Partir las rebanadas en cuatro trozos, para obtener cuatro triángulos iguales de cada rebanada.

▷ Decorar con una ramita pequeña de perejil y servir bien frío.

Montadito de
queso y fresas

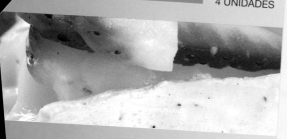

- 1 rebanada de pan de molde
- 4 lonchitas de queso cámembert
- 4 fresas
- 1 cucharada de aceite de oliva

PREPARACIÓN

▷ Tostar en la tostadora la rebanada de pan de molde hasta que quede ligeramente dorada y cortar en cuadrados.

▷ Colocar encima de las tostas las lonchas de queso cámembert y rociar con el aceite de oliva.

▷ Precalentar el horno a 200 °C y gratinar las tostas unos cinco minutos aproximadamente o hasta que el queso se haya dorado.

▷ Sacar del horno y decorar con las fresas, previamente lavadas y cortadas en finas láminas. Servir los montaditos templados para apreciar mejor el contraste de sabores.

Tostada de rollito de **jamón ibérico**

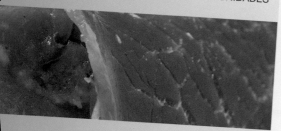

- 1 rebanada de pan de pueblo
- 2 lonchas de jamón ibérico
- 1 pimiento rojo
- 1 pimiento verde
- 1 cebolla
- 1 diente de ajo
- 2 huevos
- 50 ml de vino blanco
- 2 cucharadas de aceite de oliva
- 1/2 cucharadita de sal
- 1/2 cucharadita de pimienta negra molida

PREPARACIÓN

▷ Lavar y cortar los pimientos en juliana y reservar en un plato.

▷ Pelar y picar la cebolla y rehogar a fuego lento en una sartén con aceite de oliva. Agregar el ajo picado finamente y, a continuación, los pimientos cortados en juliana. Rehogar durante diez minutos. Agregar la sal y la pimienta y añadir el vino. Dejar cocer hasta que se evapore el alcohol.

▷ Cascar los huevos por encima de la mezcla y remover hasta que cuajen y quede una especie de revuelto de pimientos.

▷ Aparte, extender las lonchas de jamón ibérico y con una cuchara colocar un poco de la mezcla en el centro. Enrollar las lonchas en forma de tubo y fijar con un palillo. Colocar los rollitos sobre la rebanada de pan, previamente tostada y partida por la mitad.

▷ Este pintxo puede servirse tanto frío como templado.

Alcachofas rebozadas rellenas de **besamel**

2 UNIDADES

- 2 alcachofas
- 1 huevo
- 1 cebolleta
- 50 g de jamón ibérico
- 1 limón
- 3 cucharadas de harina
- 1 cucharada de mantequilla
- 1 cucharada de aceite de oliva
- 50 ml de leche
- 1/2 cucharadita de sal
- 1/2 cucharadita de pimienta negra molida
- 1/2 cucharadita de nuez moscada
- 1 cucharadita de perejil picado
- 1 puerro (para decorar)
- aceite para freír

PREPARACIÓN

▷ Lavar, limpiar y pelar las alcachofas, dejando tan sólo los corazones. Partir el limón por la mitad y frotar por toda la superficie de las alcachofas para que no se oscurezcan. A continuación, cocer las alcachofas en una cacerola con abundante agua con un poco de sal y aceite de oliva.

▷ Aparte, derretir la mantequilla en una sartén y sofreír la cebolleta picada.

▷ Agregar dos cucharadas de harina y, cuando esté tostada, comenzar a verter la leche, sin dejar de remover hasta conseguir una besamel fina y suave.

▷ Cuando la salsa esté lista, añadir el jamón ibérico cortado en daditos, salpimentar y mezclar con un poco de nuez moscada y perejil picado.

▷ Cuando las alcachofas estén bien cocidas, sacarlas, cubrirlas con la besamel de jamón que hemos preparado y reservar.

▷ En un plato, colocar el resto de la harina y, en otro, un huevo batido. Rebozar las alcachofas en la harina y después en el huevo batido y freír en una sartén hasta que queden bien doradas. Servir caliente.

Brocheta
de **pepinillo**

- 1 pepinillo grande
- 10 g de atún
- 1/2 pimiento verde
- 1/2 cebolla
- 3 cucharadas de aceite de oliva
- 1 cucharada de vinagre de vino blanco
- 1 cucharadita de sal
- 1 cucharadita de pimienta negra
- 2 aceitunas

PREPARACIÓN

▷ Cortar el pepinillo en dos mitades a lo largo. Colocar en un lado de una de las mitades el atún desmigado y en la otra una aceituna, y clavar un palillo. Colocar en un platito pequeño. Hacer lo mismo con el otro medio pepinillo.

Para la vinagreta

▷ Picar finamente en trozos muy pequeños la cebolla y el pimiento, previamente lavado, y colocar en un cuenco. Agregar el aceite de oliva, el vinagre y salpimentar.

▷ Batir la mezcla hasta emulsionar y dejar macerar en la nevera durante aproximadamente media hora para que se mezclen bien todos los sabores.

▷ A la hora de presentar el pintxo, verter la vinagreta generosamente por encima de la brocheta y servir.

Mousse de pimientos

6 UNIDADES

- 150 g de pimientos del piquillo
- 1 cebolla
- 4 huevos
- 1 diente de ajo
- 100 ml de nata líquida
- 3 cucharadas de aceite de oliva
- 1 cucharadita de azúcar
- 1 cucharadita de sal
- 1 cucharadita de pimienta negra
- 30 g de queso parmesano

PREPARACIÓN

▷ Picar el ajo y los pimientos y saltear en una sartén con aceite de oliva a fuego fuerte. Salpimentar, añadir también el azúcar y dejar cocer durante aproximadamente seis minutos. Por otro lado, picar la cebolla y poner a pochar. Cuando esté transparente, añadir a la cocción de los pimientos y mezclar bien todos los ingredientes. Dejar que se liguen durante otros tres minutos y retirar la sartén del fuego.

▷ Poner la mezcla de la sartén en un cuenco y batir con la batidora hasta obtener un puré. Posteriormente pasar por el chino para eliminar todos los posibles grumos y dejar la salsa completamente líquida.

▷ En un recipiente aparte, batir los huevos y agregar la nata. Añadir después el puré de pimientos y mezclar bien todos los ingredientes. Verter la mezcla en cuencos pequeños y reservar.

▷ Precalentar el horno a 250 °C y colocar dentro los cuencos con la mousse de pimientos al baño maría durante aproximadamente una hora. Sacar del horno y servir templada, decorada con unas escamas de queso parmesano.

Montadito
de **calabacín**

- 2 rebanadas de pan
- 1 calabacín
- 1 loncha de jamón ibérico
- 2 huevos
- 1 pimiento del piquillo
- 50 g de harina
- aceite de oliva para freír
- 2 tomates cherry
- 1 cucharada de mayonesa
- 1/2 cucharadita de sal
- 1/2 cucharadita de pimienta negra molida

PREPARACIÓN

▷ En una olla pequeña calentar agua con sal y cocer un huevo. Por otro lado, cortar en lonchas, a lo largo, el calabacín previamente lavado, partirlo en dos, salpimentar y reservar.

▷ A continuación, cortar la loncha de jamón ibérico por la mitad y el pimiento del piquillo en dos mitades.

▷ Sacar el huevo cocido de la cazuela, pelar y cortar en rodajas finas. Realizar una especie de montadito poniendo de base una loncha de calabacín, un trozo de jamón ibérico, una mitad del pimiento del piquillo, una rodaja de huevo cocido y por último otra loncha de calabacín.

▷ Apretar bien los montaditos para que queden prensados, con cuidado de no desmontarlos, y rebozar con harina y huevo batido.

▷ Una vez rebozados los montaditos de calabacín, freírlos en una sartén con abundante aceite de oliva a fuego fuerte.

▷ Cuando estén dorados, sacar de la sartén y poner en papel de cocina para quitar el aceite sobrante. Fijar con un palillo.

▷ Servir templados en un platito sobre unas rebanadas de pan, poner encima dos tomates cherry partidos por la mitad y una nuez de mayonesa.

Tortilla de **patata**

PREPARACIÓN

▷ Pelar las patatas, lavarlas y cortarlas en rodajas muy finitas.

▷ Pelar la cebolla y picarla finamente.

▷ En una sartén, poner el aceite y, cuando esté caliente, echar la cebolla.

▷ Cuando la cebolla se empiece a ablandar, echar las patatas, añadir sal y tapar; remover de vez en cuando hasta que estén tiernas.

▷ Retirar del fuego, escurrir y reservar.

▷ Batir los huevos en un recipiente, añadir una pizca de sal.

▷ A continuación agregar las patatas y la cebolla ya escurridas y mezclar bien hasta que se empapen.

▷ Calentar una sartén con un chorrito de aceite. Echar la mezcla de huevo y patata, y hacer la tortilla a fuego lento. Después de un par de minutos en la sartén, darle la vuelta a la tortilla con la ayuda de un plato. Añadir unas gotas más de aceite a la sartén y volcar de nuevo la tortilla para que se haga por el otro lado. Dejar dos minutos más, con cuidado para que no se reseque.

▷ Servir cortada en cuñas o en cuadraditos.

4 RACIONES

- 1 kg de patatas
- 1 cebolla
- 5 huevos
- aceite de oliva
- sal

Pintxo de gamba y champiñón

- 2 champiñones
- 2 gambas peladas
- 1 diente de ajo
- 1 cebolleta
- 20 ml de vino blanco
- 50 ml de caldo de carne
- 1 cucharada de aceite de oliva
- 1/2 cucharadita de sal
- 1/2 cucharadita de pimienta negra molida
- 1 cucharadita de harina
- 1 ramita de perejil (para decorar)

PREPARACIÓN

▷ Lavar los champiñones y quitarles el pie.

▷ Cortar el ajo en láminas y sofreír en una sartén con un poco de aceite de oliva a fuego medio.

▷ Agregar los champiñones, partidos por la mitad, y las gambas peladas y salpimentar. Cuando estén bien dorados, retirar los ingredientes del fuego y reservar en un plato.

▷ En la misma sartén, agregar una cebolleta bien picada y salpimentar de nuevo. Cuando esté transparente, añadir el vino y dejar evaporar el alcohol. Verter el caldo y dejar reducir a fuego lento durante diez minutos.

▷ Poner la mezcla en un recipiente y batir. Si la salsa queda muy líquida, devolver de nuevo a la sartén y agregar un poco de harina para que espese.

▷ En un palillo de madera especial para pintxos, ensartar medio champiñón, la gamba y el otro medio champiñón.

▷ Servir los pintxos acompañados de la salsa en una fuente aparte. Decorar con una ramita de perejil.

Aguacates
rellenos de **atún**

- 4 aguacates
- 5 palitos de cangrejo
- 2 latas de atún en aceite de oliva
- 1/2 cebolla
- 30 g de maíz
- zumo de 1/2 limón

Salsa rosa

- 1 huevo
- aceite de oliva
- 1 limón
- 3 cucharadas de kétchup
- 1 cucharadita de whisky o coñac
- unas gotas de zumo de naranja
- 1 cucharada de leche o nata líquida
- sal

PREPARACIÓN

▷ Desmenuzar en tiras los palitos de cangrejo.

▷ Escurrir el atún y desmigarlo.

▷ Picar la cebolla finamente.

▷ Hacer una salsa mayonesa consistente con el huevo, el aceite y la sal. A continuación añadir el zumo de limón, el kétchup, el whisky, el zumo de naranja y la leche.

▷ Mezclar en un cuenco el cangrejo, el atún, la cebolla y el maíz. Agregar la salsa rosa y remover bien.

▷ Pelar los aguacates, cortar por la mitad a lo largo y sacar el hueso. Rociar inmediatamente con el zumo de limón para que no se ennegrezcan.

▷ Introducir la mezcla anteriormente preparada, con la ayuda de una cucharilla, en el hueco del hueso de los aguacates.

▷ Dejar enfriar en el frigorífico, tapado con film transparente.

Cangrejos de río picantes

- 1 kg de cangrejos de río
- 1 kg de tomates maduros
- 1/2 cebolla
- 5 dientes de ajo
- 2 guindillas
- 6 cucharadas de aceite de oliva
- 1 cucharadita de azúcar
- sal

PREPARACIÓN

▷ Lavar los cangrejos en profundidad y secarlos bien.

▷ Pelar la cebolla y picarla finamente. Pelar los ajos y trocearlos en láminas no muy finas.

▷ En una sartén con tres cucharadas de aceite caliente, sofreír la cebolla hasta que esté tierna. Añadir los ajos y dorar. Subir el fuego y echar los cangrejos. Dejar freír, junto con las guindillas, hasta que los cangrejos tomen un color rojizo.

▷ Retirar del fuego, escurrir los cangrejos, la cebolla y los ajos y reservar el aceite.

▷ Escaldar los tomates con agua hirviendo durante dos minutos para que la piel se desprenda con facilidad y triturar en un pasapurés.

▷ Verter el resto del aceite en la sartén anterior y sofreír el tomate a fuego lento durante quince minutos. Añadir un poco de azúcar para contrarrestar la acidez y salar al gusto.

▷ Echar los cangrejos, la cebolla y los ajos reservados encima del sofrito de tomate. Cocinar durante quince minutos más.

▷ Comprobar el punto de sal y servir bien caliente.

Hígado encebollado

- 1/2 kg de hígado de ternera o cordero
- 2 cebollas
- 1/2 kg de tomates
- 25 g de piñones
- 50 g de tocino
- 50 g de manteca
- 1 vasito de vino blanco
- 2 dientes de ajo
- sal
- pimienta

PREPARACIÓN

▷ Cortar el tocino en trocitos pequeños.

▷ En una sartén verter la manteca, arrimar al fuego y añadir el tocino hasta que se dore.

▷ Cortar la cebolla finamente y agregarla, junto con el hígado cortado en trozos pequeños.

▷ Pelar los tomates y cortarlos en trocitos pequeños. Para que la piel se desprenda con facilidad, escaldar en agua hirviendo durante dos minutos.

▷ Pasados unos momentos, añadir al sofrito los tomates y el vino blanco, salpimentar y dejar cocer durante una hora, tapado, a fuego lento.

▷ Machacar los piñones y el ajo. Agregar un poco de agua y a media cocción añadir la mezcla al guiso.

▷ Si se desea, se puede cortar pan en rebanadas y freír en una sartén con aceite caliente hasta que queden doradas para acompañar el plato o esparcir algunos piñones sobre el guiso.

Oreja de cerdo

PREPARACIÓN

- 1 kg de oreja de cerdo
- 1 hoja de laurel
- 2 cebollas
- sal gorda
- 1 zanahoria
- 4 dientes de ajo
- 1 tomate maduro
- una pizca de tomillo
- 1 cucharadita de pimentón
- 1 guindilla
- 4 cucharadas de aceite de oliva
- sal
- pimienta

▷ Limpiar cuidadosamente la oreja.

▷ En una cacerola con agua fría poner la oreja con el laurel, una cebolla entera y sal gorda. Dejar cocer durante dos o tres horas a fuego medio, para que no se rompa la oreja, hasta que esté tierna. Reservar el caldo.

▷ Cortar la oreja en tiras o cuadraditos y reservar.

▷ Pelar la otra cebolla y picarla.

▷ Lavar la zanahoria, pelarla y cortarla también en cuadraditos.

▷ Pelar los dientes de ajo y picarlos finamente.

▷ Escaldar el tomate durante dos minutos en agua hirviendo para desprender fácilmente la piel, pelarlo, desechar las semillas y picarlo.

▷ En una sartén con aceite caliente sofreír la cebolla, la zanahoria y los dientes de ajo durante cinco minutos.

▷ A continuación añadir el tomate, una pizca de tomillo, una cucharadita de pimentón, la guindilla cortada en aros y dos cucharones del caldo de hervir la oreja. Agregar al sofrito la oreja y dejar cocer cinco minutos más.

▷ Salpimentar y servir caliente.

Patatas a lo **pobre**

4 RACIONES

- 1/2 kg de patatas
- 1/2 cebolla
- aceite de oliva
- vinagre
- perejil
- sal

PREPARACIÓN

▷ Elegir unas patatas de tamaño mediano para conseguir rodajas no excesivamente grandes. Pelar las patatas, lavarlas y cortarlas en rodajas de medio centímetro.

▷ Pelar la cebolla y cortarla en tiras.

▷ Lavar una ramita de perejil y picarla muy finamente. Reservar.

▷ En una sartén con aceite caliente, freír las patatas y la cebolla a fuego lento para que queden blandas. Mover de vez en cuando con cuidado de que no se deshagan y no se queme la cebolla. Momentos antes de retirar de la sartén, subir el fuego y dejar que se doren un poco.

▷ Cuando estén en su punto, retirar y colocar en papel de cocina para eliminar el exceso de aceite.

▷ A continuación, disponer en un recipiente, rociar con un chorrito de vinagre, salpimentar y espolvorear con perejil.

▷ Servir calientes como aperitivo o bien como guarnición de cualquier plato de carne o pescado.

Mejillones con salsa vinagreta

- 1 kg de mejillones
- 1 pimiento verde
- 1/2 cebolla
- 2 tomates pequeños
- 6 cucharadas de aceite de oliva
- 2 cucharadas de vinagre
- sal
- pimienta
- 1 ramita de perejil

PREPARACIÓN

▷ Elegir unos mejillones de buena calidad y asegurarse de que estén todos cerrados. Limpiar minuciosamente bajo el grifo, raspando con un cuchillo, todo resto de suciedad que esté adherido a la concha y desechar los que estén abiertos.

▷ Cocer al vapor, en una cacerola tapada, hasta que se abran por completo. Escurrir y tirar los que no se hayan abierto.

▷ Lavar el pimiento, desechar las semillas, secarlo con papel de cocina y cortarlo finamente.

▷ Pelar la cebolla y cortarla de la misma forma que el pimiento.

▷ Lavar los tomates y cortarlos también en trozos pequeños.

▷ En un recipiente mezclar el pimiento, los tomates, la cebolla, el vinagre, la sal y la pimienta, removiendo con un batidor mientras se añade el aceite poco a poco hasta conseguir una salsa vinagreta fina.

▷ Desechar la concha sobrante de cada mejillón, colocar en un plato, verter la salsa por encima y adornar con una ramita de perejil.

Calamares
a la **romana**

- 1/2 kg de calamares
- 2 limones
- 75 g de harina
- 2 huevos
- aceite de oliva
- sal

PREPARACIÓN

▷ Limpiar minuciosamente los calamares, retirando con cuidado la piel externa, la espina interior y las bolsitas de tinta. Separar las aletas y los tentáculos.

▷ Cortar el cuerpo de los calamares en anillas homogéneas, los tentáculos y las aletas en trozos y colocar en un recipiente.

▷ Exprimir el zumo de un limón y rociarlo sobre el calamar troceado junto con un chorrito de aceite de oliva.

▷ Dejar macerar treinta minutos aproximadamente.

▷ A continuación salar y rebozar con harina y huevo batido.

▷ En una sartén con aceite caliente freír los calamares ya rebozados hasta que queden doraditos.

▷ Escurrir en papel de cocina para eliminar el exceso de aceite y servir acompañados de unas rodajas de limón.

Carne estofada

PREPARACIÓN

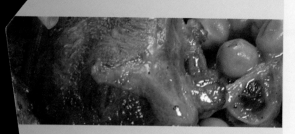

- 1 kg de carne de morcillo
- 1 cebolla
- 2 zanahorias
- 2 ajos
- 2 puerros
- 300 g de guisantes en conserva
- 1 cucharada de perejil
- 5 cucharadas de aceite de oliva
- 1 vaso de vino blanco
- 1 vaso de agua
- sal
- pimienta

▷ Quitar el gordo al morcillo y cortar la carne en dados.

▷ Pelar y picar los dientes de ajo y la cebolla finamente.

▷ Lavar las zanahorias, pelarlas y cortarlas en rodajas.

▷ Lavar los puerros para eliminar todo resto de tierra, desechar la parte verde y picar el resto finamente.

▷ Lavar el perejil y picar también finamente.

▷ Verter en una cacerola grande el aceite. Agregar la cebolla, el perejil, los puerros y el ajo, sazonar la carne con sal y pimienta y colocar sobre las verduras. Sin dejar de mover para que no se queme, dejar rehogar todo a fuego fuerte hasta que se dore.

▷ Una vez dorada la carne, añadir el vino y el agua y dejar cocer a fuego lento aproximadamente una hora hasta que la carne esté tierna. Si es necesario se puede añadir agua en pequeñas cantidades para que no se pegue. Cuando el guiso esté casi terminado, incorporar los guisantes.

▷ Pinchar la carne con una aguja de mechar y, si penetra con facilidad, estará en su punto.

▷ Servir la carne con las verduras enteras o bien pasar la salsa por un pasapurés, dejar que dé un hervor y verter sobre la carne.

Riñones al jerez

4 RACIONES

- 700 g de riñones de ternera
- 2 cucharadas de aceite de oliva
- 1 copa de jerez
- 25 g de mantequilla
- 1 vasito de caldo concentrado
- 1 cucharadita de harina
- sal
- pimienta blanca

PREPARACIÓN

▷ Limpiar minuciosamente los riñones para evitar que tengan un sabor desagradable. Desechar el pellejo, el gordo y el sebo. Abrir los riñones dando un corte horizontal, cortar en pedazos y ponerlos en un colador.

▷ En una cacerola con agua hirviendo, sumergir el colador con los riñones y dejar escaldar durante un minuto. Sacar del agua, secar con un paño limpio y sazonar con sal y pimienta blanca.

▷ En una sartén con aceite muy caliente saltear los riñones a fuego vivo durante cinco minutos. Una vez salteados, escurrir en un colador.

▷ Poner en una cacerola los riñones, ya salteados, añadir el jerez y dejar cocer exactamente dos minutos.

▷ Poner en un cazo el caldo y la harina amasada con la mantequilla y dejar cocer durante unos minutos. Sazonar con sal y pimienta y verter la salsa resultante sobre los riñones. Dejar al calor pero sin que hiervan más.

▷ Servir los riñones inmediatamente después de hacerlos, para que no pierdan calor.

Maquetación: Milagros Recio

Diseño de cubierta: más!gráfica

© SUSAETA EDICIONES, S.A.
C/ Campezo, 13 - 28022 Madrid
Tel.: 91 3009100 - Fax: 91 3009118
www.susaeta.com